XIIe. MUNICIPALITÉ.

PROCÈS-VERBAL

DE LA

FÊTE FUNÈBRE

CÉLÉBRÉE par l'Administration municipale du 12e. arrondissement du Canton de Paris, dans le Temple de la Piété filiale,

Le 20 Prairial, an VII de la République française, une et indivisible;

En exécution de la loi du 22 Floréal précédent, relative à l'ASSASSINAT des Plénipotentiaires Français au Congrès de Rastadt.

De l'Imprimerie de BALLARD, rue des Mathurins.

FÊTE FUNÈBRE

DU 20 PRAIRIAL, AN VII.

L'AN sept de la République française, une et indivisible, le vingt Prairial, pour l'exécution de la loi du 22 Floréal dernier, relative à l'assassinat des ministres français à Rastadt, et conformément à l'article II du programme de la cérémonie funèbre, envoyé par le ministre de l'intérieur, les citoyens *Coisnon*, président; *Fessard, Dupont, Delonchamp, Bertelon, Le-Pître* et *Piau*, Administrateurs municipaux du XIIe. Arrondissement du Canton de Paris, Département de la Seine; *Chapuis*, commisssaire du Directoire exécutif, et *Gobert*, secrétaire en chef, se sont réunis extraordinairement, à sept heures précises du matin, au lieu de leurs séances, rue Jean-de-Beauvais.

Les juges de paix, les commissaires de police, les membres des comités de bienfaisance, les instituteurs et leurs élèves arrivent successivement.

Lorsqu'ils sont réunis, il est donné lecture du programme envoyé par le ministre de l'intérieur.

L'adjudant de la trente-quatrième brigade vient prévenir l'administration que la musique militaire de la quatre-vingt-seizième demi-brigade et un détachement de la garde nationale sédentaire attendent ses ordres.

Le président annonce alors que la Municipa-

A

lité va se rendre au temple de la Piété filiale.
Le cortége se range dans l'ordre suivant : Les
tambours ; un peloton de garde nationale sédentaire ; le corps de musique ; un autre peloton de garde nationale ; les commissaires de
police ; les membres des comités de bienfaisance ; les instituteurs et leurs élèves ; les juges
de paix et la Municipalité ; un peloton de
garde nationale ferme la marche ; des citoyens
soldats forment aussi la haie de chaque côté.

Tous ceux qui composent le cortége, portent le
crêpe au bras ; les tambours et les instrumens
sont également voilés. La marche s'avance lentement, et d'intervalle en intervalle la musique
fait retentir l'air de sons lugubres et solemnels.

A huit heures précises, on arrive dans cet
ordre, au temple de la Piété filiale. La Municipalité, suivie des fonctionnaires publics,
passe à travers un peuple nombreux, et va
occuper l'estrade qui lui est réservée. La garde
nationale se range en demi-cercle autour d'elle.
L'orgue exécute alors l'hymne des *Marseillais*.
Le président de l'administration municipale
rappelle succinctement à ses concitoyens, l'objet
de la réunion. Lorsqu'il a cessé, le secrétaire
en chef, en exécution de l'article premier de
la loi du 13 Fructidor, an VI, fait lecture
des Bulletins des lois, nᵒˢ. 280, 281 et 282,
ainsi que du Bulletin décadaire, nᵒ. 26 ; il
donne connoissance du relevé des naissances

pendant la deuxième décade de Prairial, s'élevant au nombre de quatre-vingt-dix-neuf; de celui de décès, pendant la même décade, s'élevant au nombre de cent quarante-sept et de deux actes de divorce prononcés, l'un par consentement mutuel, et l'autre pour incompatibilité d'humeur et de caractere.

A un signal donné, l'orgue, accompagné de la musique militaire, exécute les airs cheris de la liberté.

Le secrétaire en chef lit ensuite une ode adressée à la Municipalité par le citoyen *Boucher de Luzarche*, jeune homme de seize ans, élève du citoyen *Savouré*, instituteur de la division des Plantes, et composée en l'honneur de nos plénipotentiaires massacrés à Rastadt.

Cette production fait passer dans tous les cœurs, l'indignation qu'elle respire; un bruit de guerre, exécuté par la musique, ajoute à l'enthousiasme général. Le silence ayant succédé, le président de l'administration municipale se lève, et prend la parole: Citoyens, s'écrie-t-il, « au nom du Peuple français, au nom de » tous les peuples qui connoissent encore la » justice et l'humanité, nous vous demandons » aujourd'hui des larmes et du sang: oui, » pleurons sur nos infortunés ministres im- » molés à Rastadt; mais écoutons en même » tems la voix de la patrie qui, nous montrant

» fleur l'urne sépulcrale, demande le sang des
» monstres qui ont consommé le forfait.
  » L'Autriche auroit-elle donc espéré glacer
» d'épouvante, la valeur française à force de
» barbarie ? Ah ! tant d'atrocités porte le coup
» mortel à la coalition des tyrans ! Qu'elle
» expire au pied du tombeau qu'elle vous a
» creusé, à vous, augustes et innocentes vic-
» times ! Que ce tombeau devienne l'autel de
» la justice des nations : assise sur votre cendre,
» la vengeance siége à ses côtés. Mânes plain-
» tifs, appaisez-vous ; si, d'une main, nous
» couvrons vos cercueils de fleurs, de l'autre
» nous avons saisi le glaive exterminateur ; il ne
» brillera pas en vain sur l'olivier flétri ».
  L'orateur évoque ici les ombres de Bonnier
et de Roberjot ; il les voit guider nos héros
au combat, à la victoire : il peint nos armées
triomphantes, effaçant du nombre des puis-
sances, l'Autriche et le prince des assassins.
  » Qui osera maintenant, poursuit-il, faire
» cause commune avec l'Autriche ? Quels
» hommes comptera-t-elle au nombre de ses
» alliés ? Qui se reposera sur ses traités ? Elle
» a osé égorger les membres d'une ambassade
» pacifique ! Elle a foulé aux pieds l'humanité
» sainte, toutes les lois sociales ! Bravera-t-on
» l'infamie d'être traîné avec elle au tribunal
» du genre humain ? Les trônes des despotes
» qui lui resteroient fidèles, s'écrouleront sous

» le poids de l'opprobre. La République,
» toutes les nations ennemies du crime se
» disputeront la gloire de les anéantir.

» O vous! généreux défenseurs d'une patrie
» indignement outragée, jeunes conscrits ap-
» pellés à la venger, vous avez ressenti cha-
» cun des coups portés aux ministres de la
» paix..... Pleins d'une ardeur guerrière,
» vous vous êtes élancés contre les assassins.
» Bientôt ils auront existé, vos bras victorieux
» leur auront fait expier leur horrible attentat.

» Payons, à votre courageux dévouement,
» un premier tribut de gloire, en proclamant
» vos noms chers à la France ».

Il lit alors, à haute voix, les noms des
conscrits et des enrôlés volontaires qui se sont
rendus à leurs drapeaux.

Il reprend ensuite : « Qu'il est doux pour
» nous de vous fixer sur cette honorable co-
» lonne ! Vos familles vous y montreront
» avec un noble orgueil ; elles se consoleront
» de votre absence, en y lisant les titres que
» vous avez déjà acquis à l'estime de vos con-
» citoyens ».

A l'instant le président, suivi des administrateurs municipaux et des autres fonctionnaires publics de l'arrondissement, s'avance
vers la colonne glorieuse qui se trouve à la
droite de la municipalité.

Cette colonne offre, sur un fond de granit,

un cadre long formé par des rameaux de chêne, entremêlés de roses et enlacés de rubans tricolors ; un trophée de drapeaux lui sert de support. En tête, on lit cette inscription : *Ils ont entendu la voix de la patrie.* La Renommée et la Liberté se grouppent au dessus ; la dernière tient une couronne de laurier élevée sur les noms des nouveaux défenseurs de la patrie.

Conformément à l'article IV de la loi du 22 Floréal dernier, le président append à cette colonne le tableau des conscrits partis pour les armées. Alors de tous côtés s'élancent jusqu'aux voûtes du temple les cris de *vive la République !* ceux de *vengeance* s'y mêlent aussi, et les parens d'une jeunesse soumise et généreuse voient leurs concitoyens lui décerner d'avance à l'envi la palme qu'elle va bientôt cueillir au champ de l'honneur. Des fanfares guerrières se font entendre , et dans l'intervalle une cantatrice placée dans l'orgue, chante, avec un accompagnement analogue, le couplet *Amour sacré de la patrie* ; le refrain se répète au milieu des applaudissemens long-tems prolongés, et le président de l'administration municipale continue ainsi son discours :

« Mais quelle autre colonne vient s'offrir » à nos regards ? son aspect attriste notre » ame. Emblêmes flétrissans du mépris qu'excite » la lâcheté , pourquoi exigez-vous de nous

» l'affligeante fonction que nous remplissons
» à regret ? Fuyez malheureux parens des
» conscrits qui nous restent à nommer. N'at-
» tendez pas que l'indignation publique éclate
» contre eux et les voue au deshonneur. N'atten-
» dez pas que votre postérité vous fasse rou-
» gir, attachée à ce poteau d'infamie Sachez
» pourtant que la mère commune, indulgente
» même dans cet acte de sévérité nécessaire,
» les rappelle à leurs drapeaux et promet
» d'oublier quelques momens de foiblessse ;
» mais jusqu'à leur retour au devoir, elle
» veut que leur honte demeure publique sur
» ce tableau avilissant. Je les plains et vous
» plains davantage, si vos efforts ne peuvent
» les ramener où la patrie les attend. Jusqu'à
» ce que vous puissiez les lui rendre, allez
» pleurer, dans le secret de vos foyers do-
» mestiques, le malheur d'avoir des enfans
» qui n'osent paroître ici, pour crier avec
» nous, contre l'Autriche ennemie du genre
» humain, VENGEANCE! »

Ces paroles ont glacé les esprits; un silence
morne règne dans l'assemblée pendant que
le président lit lentement les noms des conscrits appellés par le sort, et qui ne se sont
pas rendus aux armées. Lorsqu'il a fini, la
Municipalité et les différens fonctionnaires
publics retournent reprendre leurs places. Un
appariteur reçoit l'ordre d'aller, conformément

à l'article V de la loi du 22 Floréal dernier, appendre à la colonne infamante qui se trouve à la gauche de l'estrade, le tableau des conscrits non partis pour les armées.

Cette colonne présente un encadrement noir. Des cyprès en ombragent le pied. On distingue au haut l'inscription : *Ils ont méconnu la Patrie et la gloire.* Elle est surmontée d'une figure représentant la Honte, qui se supporte d'une main sur le tableau, tandis qu'elle s'efforce de l'autre de ramener un crêpe sur des noms déshonorés.

Il a ensuite été procédé à la célébration des mariages : neuf ont été prononcés successivement par le président.

Différens hymnes analogues ont terminé la cérémonie, et le cortège s'étant reformé dans le même ordre qu'il étoit venu, a repris la route de la municipalité.

De retour à dix heures, au lieu ordinaire de ses séances, l'administration municipale a rédigé et signé le présent procès-verbal. Elle a arrêté qu'il sera imprimé au nombre de trois cents exemplaires, et envoyé à toutes les autorités.

Signé COISNON, *président* ; FESSARD, DELONCHAMP, LE - PITRE, DUPONT, BERTELON et PIAU, *Administrateurs.*

CHAPUIS, *Commissaire du Directoire exécutif.*

GOBERT, *Secrétaire en chef.*